Parramón

LOS OCÉANOS

PLANETA VIVO

Las palabras con un asterisco*
se explican en el glosario de las páginas 30 y 31.

Los océanos

Segunda edición: mayo 2001

Dirección editorial: Mª Fernanda Canal
Textos: Marta Serrano, bióloga
Ilustraciones: Miquel Ferrón, Miriam Ferrón y Lidia Di Blasi
Diseño de la colección: Beatriz Seoane
Layout y maquetación: Josep Guasch
Dirección de producción: Rafael Marfil

Editado por Parramón Ediciones, S.A.
Gran Via de les Corts Catalanes, 322 - 324
08004 Barcelona

ISBN: 84-342-1949-2
Depósito legal: B-21.850-2001
Impreso en España

ÍNDICE

Un planeta pasado por agua

Curiosamente a nuestro planeta se le ha dado el nombre de "Tierra" si bien cerca de tres cuartas partes de su superficie se hallan cubiertas de agua. Quizás ello se deba a que en la Antigüedad se sabía muy poco acerca de los océanos. Antaño, los humanos consideraban el mar como un elemento hostil, fuente de leyendas y terrores y morada de monstruos y sirenas.

Ulises se enfrenta a la atracción del canto de las sirenas. Hasta el tranquilo y conocido Mediterraneo era, en la Antigüedad considerado un entorno lleno de peligros y leyendas.

Actualmente sin embargo, sabemos que el mar fue el escenario donde se originó la vida, comprendemos su protagonismo en la regulación del clima y aprovechamos sus recursos, que constituyen una importante fuente de alimentos, energía y minerales. De todas formas no hay que olvidar que este uso -a veces abuso- del océano ha provocado graves problemas de contaminación, especialmente en zonas costeras y mares semicerrados.

Las aguas marinas, las de los ríos y lagos y el agua subterránea, que juntas forman lo que denominamos **hidrosfera***, están en continuo reciclaje*. El agua que se evapora de la superficie del mar es transportada por el aire y cae después al suelo en forma de lluvia, nieve o granizo.

La Tierra recibe también el nombre de "planeta azul", pues, al observarla desde el espacio, éste es su color predominante. El 71% de su superficie está cubierto de agua.

Estas precipitaciones dan lugar a ríos y corrientes subterráneas, que a su vez regresan al mar, cerrándose así el llamado **ciclo del agua.**
La causa de que el agua marina sea salada hay que buscarla precisamente en el ciclo del agua. Ésta, en el curso de su viaje, impregna y atraviesa rocas y suelos de la corteza terrestre, disolviendo* las sales que se hallan contenidas en unas y otros. Dichas sales terminan vertiéndose en el mar, que de esta manera se saliniza.
El incierto origen de los mares está completamente ligado a la historia del planeta. La Tierra, en sus comienzos, era una esfera caliente que expulsaba vapor de agua desde su interior a través de los volcanes de su superficie. Un progresivo enfriamiento provocó que las masas de vapor se condensaran*, ocasionando lluvias torrenciales que formaron los mares primitivos. Éstos eran más cálidos que los actuales.
En estos antiguos mares fue donde surgió la vida. A cubierto de los mortales rayos ultravioleta* que entonces alcanzaban la superficie terrestre, los primeros seres vivos fueron evolucionando bajo el mar, hasta que la aparición de la capa de ozono* en la atmósfera de la Tierra, con su efecto de pantalla sobre los citados rayos, permitió que una parte de la vida colonizara la tierra firme.

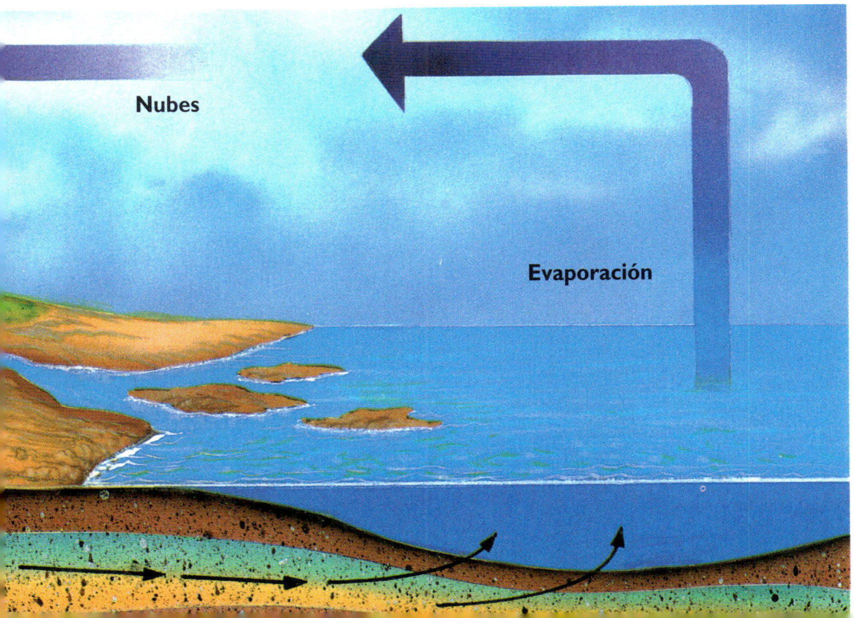

Los mares proceden de antiguas lluvias torrenciales producidas por el enfriamiento de las grandes masas de vapor que ocupaban la atmósfera primitiva de la Tierra.

Viaje al fondo del mar

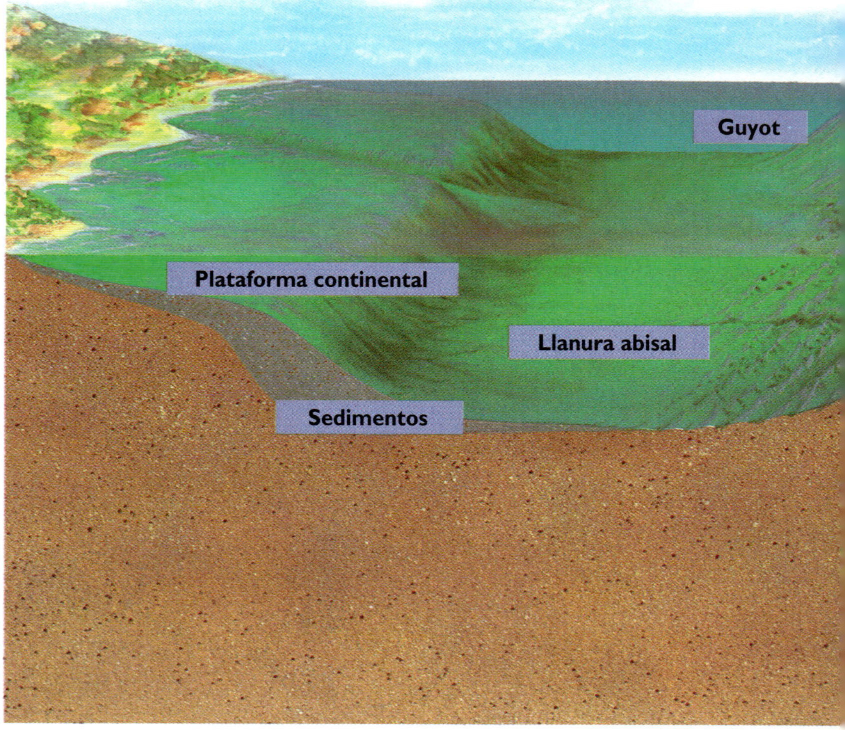

Antiguamente se creía que el fondo marino era una extensa llanura. Hoy en día, sin embargo, gracias a los avances científicos y tecnológicos realizados durante este siglo, que han permitido su estudio, está demostrado que el relieve submarino es tan accidentado como el de las tierras emergidas, encontrándose surcado por cadenas montañosas, profundas fosas, planicies y volcanes.

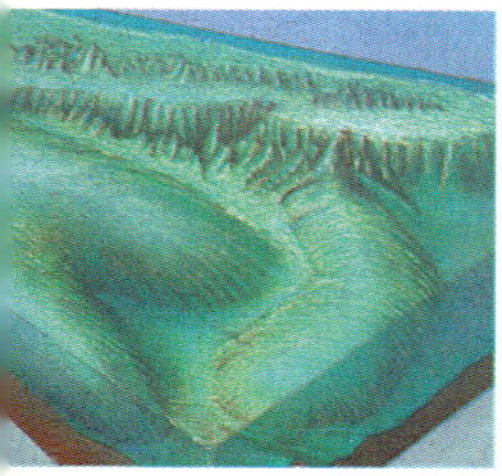

El relieve de la Tierra bajo el mar es tan accidentado como en la superficie. Los cañones submarinos tienen que ver con el cauce de antiguos ríos que discurrían por ellos, cuando el nivel del mar era más bajo.

Por lo general, las áreas oceánicas cercanas a las costas suelen ser zonas de aguas poco profundas, con fondos que presentan poca pendiente. Estos fondos constituyen, alrededor de los continentes, las llamadas **plataformas continentales** y tienen una extensión variable. Pueden estar surcadas por gargantas, denominadas cañones **submarinos,** que son unos valles estrechos de paredes escarpadas. En su límite marino las plataformas continentales se inclinan bruscamente, hundiéndose en el océano; esta zona de abrupto relieve recibe el nombre de **talud continental.** Un talud puede acabar en alguna de las **llanuras abisales*** del fondo oceánico, cuya profundidad media es de unos 4.000 m. Dichas llanuras suelen estar cubiertas de sedimentos en mayor o menor grado.

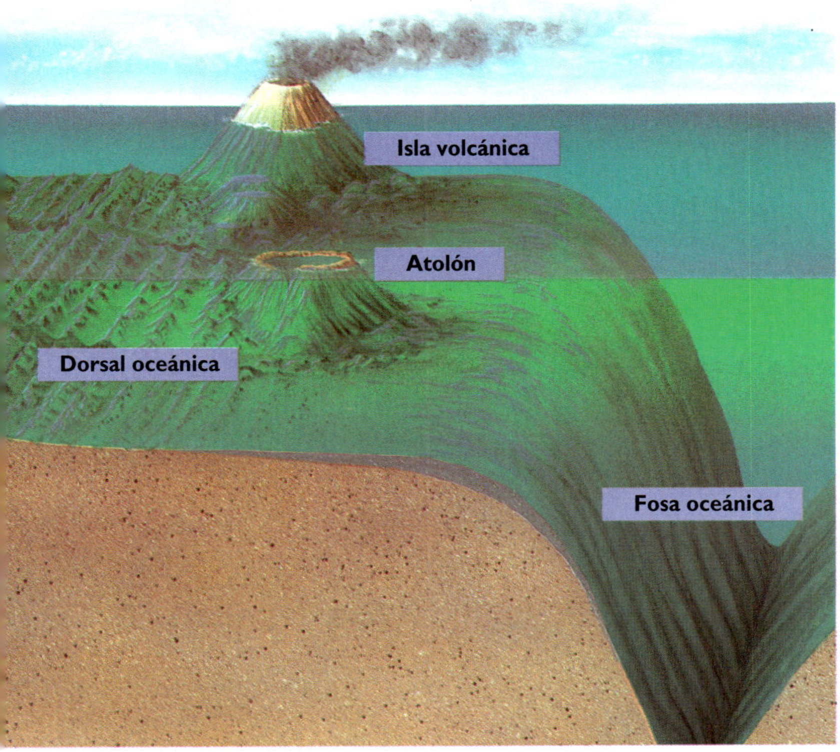

Los grandes océanos están recorridos en su zona central por largas cadenas de montañas, las denominadas dorsales oceánicas, cuya altura media es de unos 3.000 m, aunque algunas de sus cumbres son más elevadas que las de cualquier macizo continental. En algunos puntos, las dorsales emergen del agua dando lugar a islas o archipiélagos, como Islandia o las Azores, al Oeste de Portugal.

En los fondos oceánicos existen unas largas cordilleras que los cruzan de punta a punta, así como fosas y volcanes, algunos de los cuales asoman la cabeza formando islas.

Sobre las llanuras abisales también destacan esporádicamente algunos **volcanes submarinos,** que pueden sobresalir por encima del nivel del mar y dar lugar a islas, como ocurre en el archipiélago de Hawai, en el océano Pacífico. A veces, el oleaje erosiona las cumbres de estos volcanes, dejándolos como montañas sumergidas con la cima aplanada y casi al nivel del agua. Estos conos truncados reciben el nombre de guyots. Los volcanes que no llegan a asomarse a la superficie producen espectaculares **erupciones submarinas.** En áreas oceánicas cercanas a algunos continentes pueden encontrarse **fosas,** que se hunden en el fondo marino incluso hasta más de 10 km de profundidad. Estas depresiones son más frecuentes en el océano Pacífico y en algunos casos se hallan rodeadas por islas de tipo volcánico.

1. Fosa de las Marianas (10.860 m), 2. Fosa de las Aleutianas (7.822 m), 3. Fosa del Japón (10.554 m), 4. Fosa de las Filipinas (10.497 m), 5. Fosa de Chile (8.000 m), 6. Fosa de Perú (8.000 m) y 7. Fosa de América Central (6.500 m).

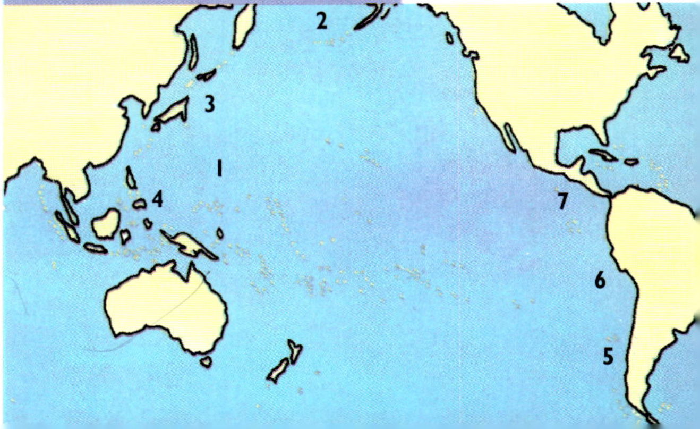

Los océanos mueven el rompecabezas continental

La distribución de los mares y continentes en nuestro planeta delimita tres grandes **cuencas oceánicas** conectadas entre sí: la **pacífica,** la más extensa de las tres; la **atlántica,** y la **índica**. Asimismo, existen mares más pequeños separados parcialmente de los grandes océanos por barreras físicas, como el Mediterráneo, el Caribe o el océano Glacial Ártico. En el caso del Mediterráneo, su aislamiento respecto al océano Atlántico es bastante considerable, pues sólo los une el estrecho de Gibraltar, que tiene una anchura mínima de 14 km.
Por otro lado, también hay mares cerrados en el interior de algunos continentes, como por ejemplo el mar Caspio. Estos mares se diferencian de los grandes lagos por su origen y la salinidad de sus aguas.

Con todo, la distribución de los continentes y mares no ha sido siempre así. A principios de este siglo, el geofísico alemán Alfred Wegener dedujo que en el pasado los continentes estaban unidos en una sola masa a la que llamó Pangea. Este supercontinente se dividió, y sus fragmentos se alejaron unos de otros hacia sus posiciones actuales. Wegener denominó a este fenómeno deriva continental.

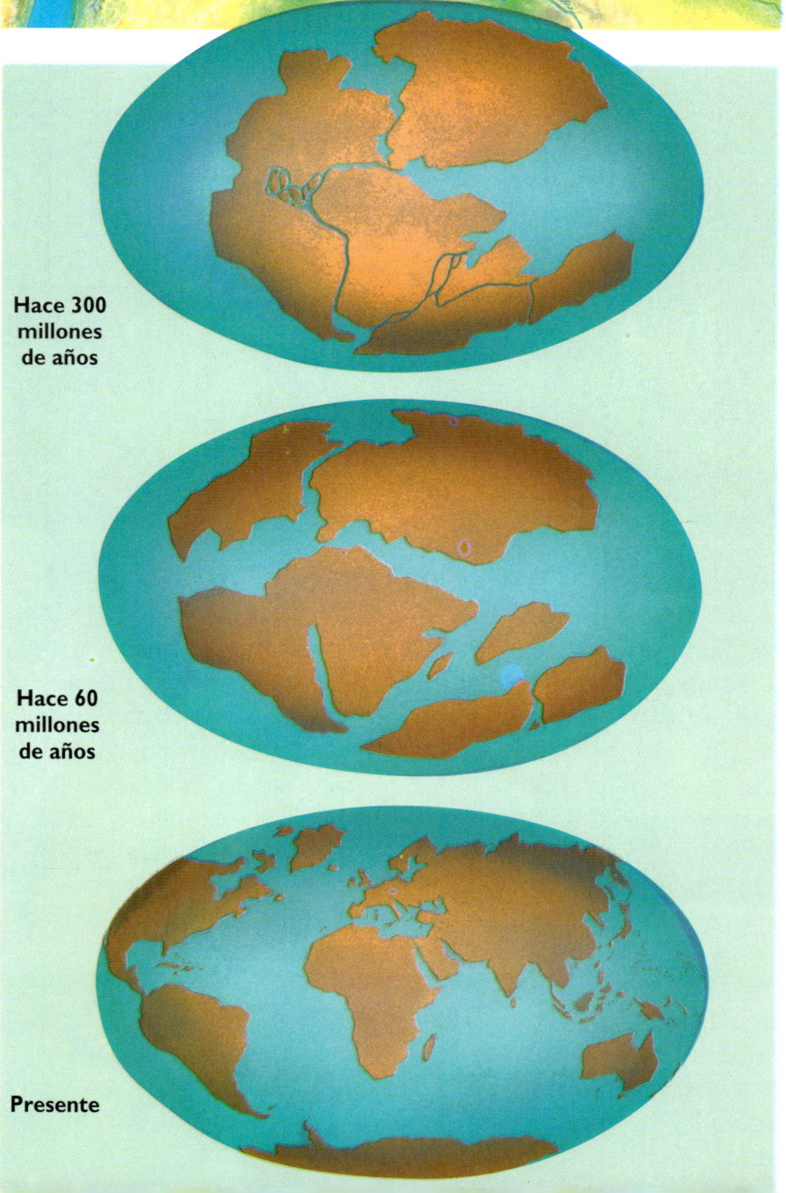

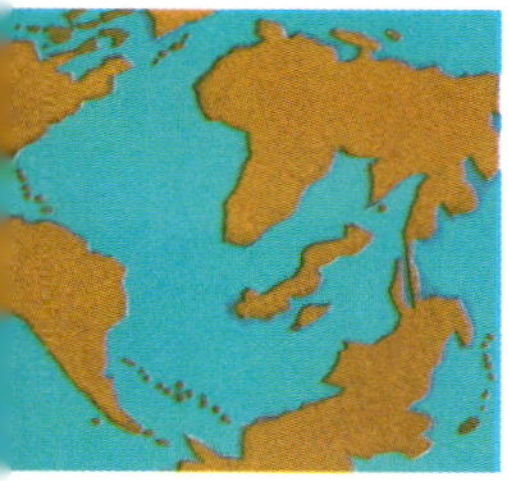

El emplazamiento actual de los mares y la tierra firme ha ido variando con el tiempo y lo seguirá haciendo, debido al constante desplazamiento de los continentes. Así, en el futuro, África, Europa y Asia formarán un solo continente.

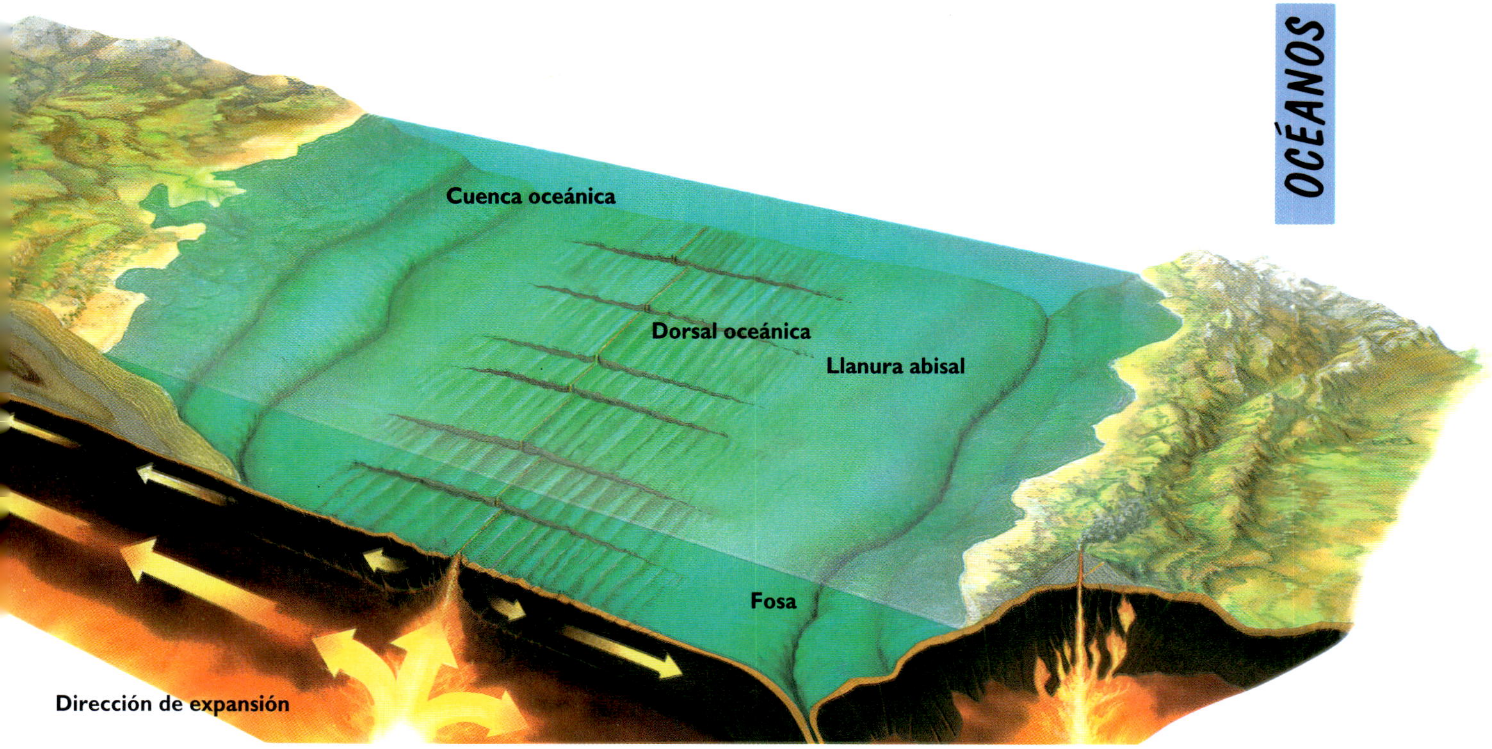

El motor que mueve a los continentes en su deriva por el planeta se halla en las dorsales oceánicas. Estas cordilleras presentan una profunda fisura central, llamada **rift,** por la cual afloran materiales del interior de la Tierra que forman nueva corteza oceánica. De esta forma, el fondo del océano se expande y "empuja" los continentes, separándolos. En las fosas oceánicas se produce el fenómeno contrario: en ellas la corteza se hunde en el interior de la Tierra, compensándose así la pérdida de materiales del manto* que tiene lugar en las dorsales oceánicas. En ciertas zonas de la Tierra se están originando nuevos océanos, a causa de la apertura de un rift. El mar Rojo, por ejemplo, constituye un océano embrionario que, en caso de evolucionar, aumentará la separación entre África y la península del Sinaí. En África oriental existe un claro exponente de la fase inicial de la formación de un océano: la gran depresión allí situada, el llamado Rift Valley, tiende a ensancharse, por lo que en el futuro terminará fragmentando el continente y rellenándose de mar.

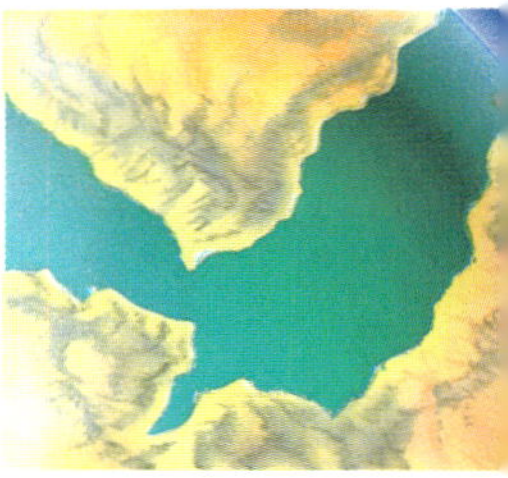

Bajo el mar, la corteza terrestre se expande en las dorsales oceánicas y desaparece en las fosas. Este ciclo es el responsable del constante desplazamiento que experimentan los continentes.

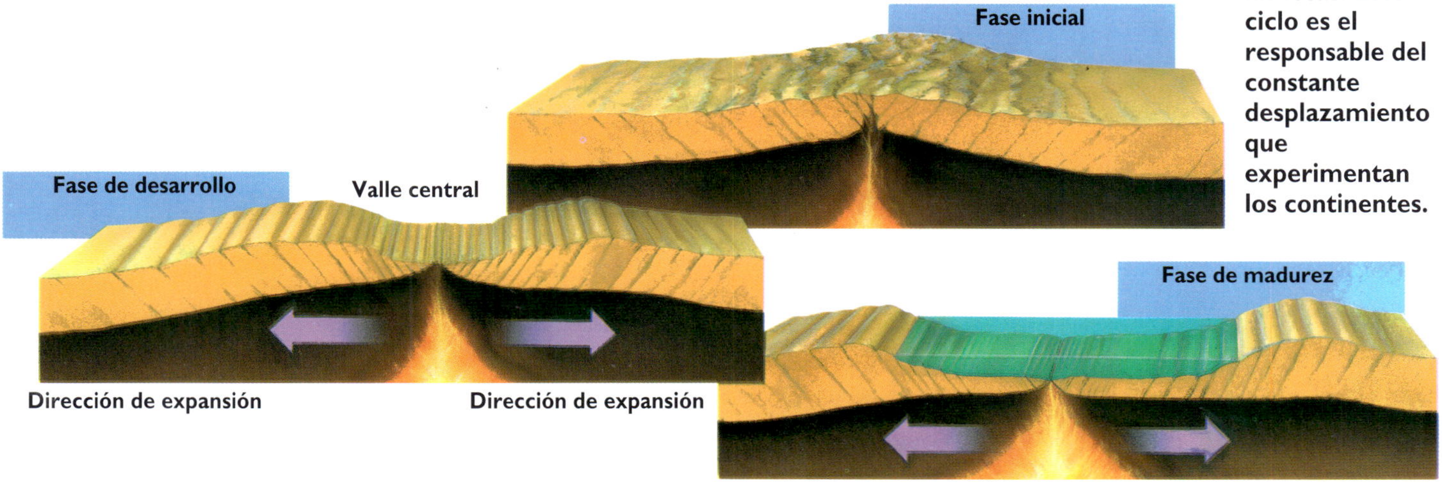

Un paisaje inquieto

Los mares y océanos están en continuo movimiento; para comprobarlo no hace falta más que observarlos desde cualquier lugar costero o navegar por ellos en una embarcación. Desde sus orillas se puede observar cómo las olas rompen en los acantilados o mueren suavemente en las playas, así como también la subida y la bajada de las mareas a lo largo del día.

Las olas se deben a la acción del viento sobre la superficie del mar, dependiendo su altura de la velocidad del viento. Las más temibles, las llamadas tsunamis, se producen como consecuencia de los seísmos submarinos.

Las olas se originan por el impulso del aire sobre la superficie del agua. Cuando no sopla el viento, el mar está en calma y puede presentar un aspecto prácticamente liso. En cambio, si hay brisa, el aire, al poder moverse a mayor velocidad que el agua, provoca en ella una serie de turbulencias*, forzándola a ascender y formar así una onda.

La altura que alcanza una ola depende de la intensidad del viento. En las zonas donde hay tormenta, se forman frentes de olas que pueden viajar lejos del punto donde se han generado. Por ello, a veces, hay oleaje cuando no sopla el viento. Un seísmo submarino o una explosión volcánica puede producir enormes olas de hasta 30 m de altura y de poder devastador; son los temidos **tsunamis.**

Cuando las olas rompen, se forma espuma, que es una mezcla de aire y agua. Ello se debe a que, entonces, en el agua se introduce aire en forma de diminutas y numerosas burbujas. La espuma se produce con más facilidad en agua salada que en agua dulce, ya que la duración de las burbujas es mayor. Su formación permite al mar expulsar sal hacia la atmósfera y regular así su salinidad.

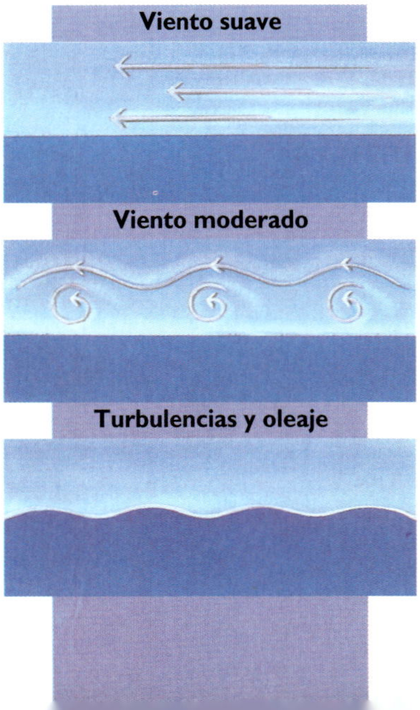

En las costas, dos veces al día, el nivel del agua del mar experimenta una subida y una bajada. Estos movimientos periódicos y alternativos, denominados **mareas,** son provocados por las fuerzas de atracción que ejercen el Sol y la Luna sobre las masas de agua de la Tierra. La superficie del agua más cercana a dichos astros sufre un leve abombamiento hacia ellos, mientras que la situada en el extremo opuesto, la más lejana, también se curva pero en sentido contrario. De este modo, el nivel del agua tiende a elevarse en ambos puntos adoptando la forma global de un balón de rugby.
En los mares parcialmente cerrados, las mareas no son tan notables como en los grandes océanos, pues, al estar aislados, el citado abombamiento se propaga con dificultad.

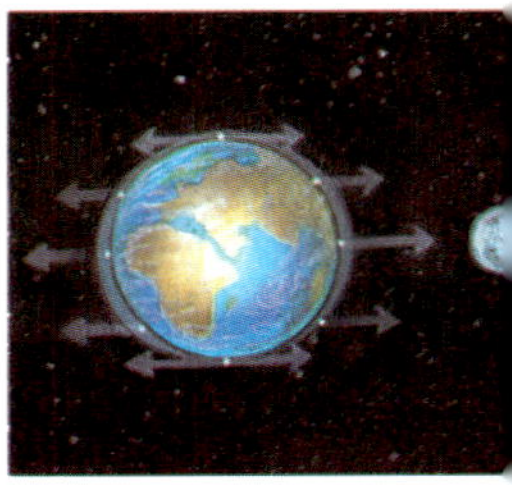

Las mareas se producen por la atracción que ejercen el Sol y la Luna sobre las masas oceánicas terrestres. El efecto debido a la Luna es más notable a causa de su mayor proximidad a la Tierra.

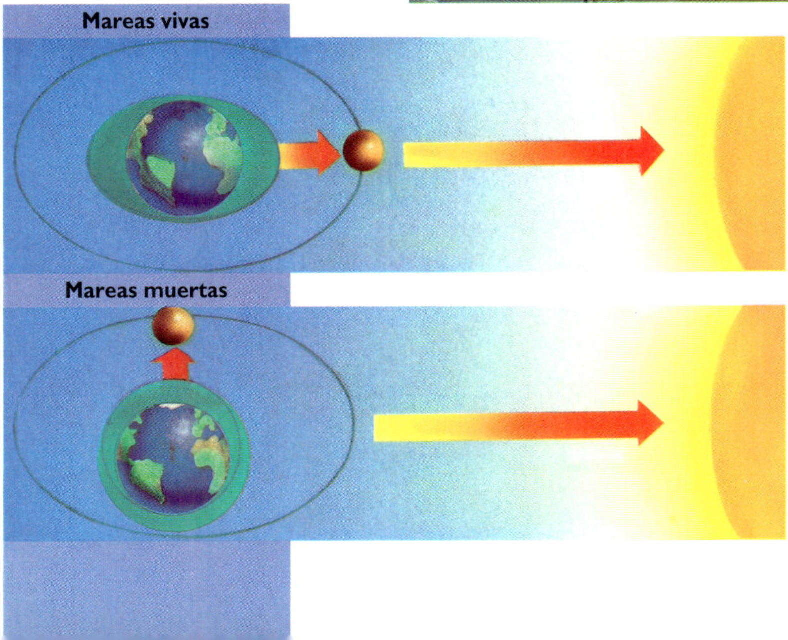

Cuando la Tierra está alineada con el Sol y la Luna, la atracción de estos dos astros se combina, haciendo las mareas más pronunciadas. Éstas, llamadas **mareas vivas,** se producen en los días de luna llena y luna nueva. Cuando la Luna y el Sol forman con la Tierra un ángulo recto, sus efectos de atracción se contraponen, siendo las mareas más débiles, y denominándose entonces **mareas muertas.**

Ríos en el mar

Los movimientos más espectaculares que tienen lugar en los océanos y que provocan una importante mezcla de las aguas del planeta son las **corrientes marinas,** verdaderos ríos en el mar. No se producen de manera caprichosa, sino que obedecen a unas causas físicas concretas.
Los motores que originan y mantienen estas corrientes son el **sistema de vientos terrestre** y el movimiento de **rotación de la Tierra.**
Los grandes vientos, al soplar continuamente en una dirección determinada y friccionar constantemente con la superficie del agua, empujan las masas oceánicas. La rotación de la Tierra modifica la dirección inicial impresa por el viento.
En el hemisferio norte, las corrientes tienden a desplazarse en el sentido de las agujas del reloj, mientras que en el hemisferio sur se desvían en sentido contrario.
En las áreas circumpolares se originan corrientes frías, que, dada la mayor densidad del agua, se desplazan océano abajo.
En contraposición, en las zonas ecuatoriales se forman corrientes cálidas, que fluyen con mayor velocidad y se mueven de forma más superficial. En las áreas donde se encuentran estos dos tipos de corrientes, es normal que se produzcan remolinos.

Los grandes vientos y la rotación terrestre no dejan nunca tranquilos a los océanos, trajinando constantemente sus aguas de acá para allá. El entrecruzamiento de las corrientes de superficie y profundidad origina remolinos, entre otros fenómenos.

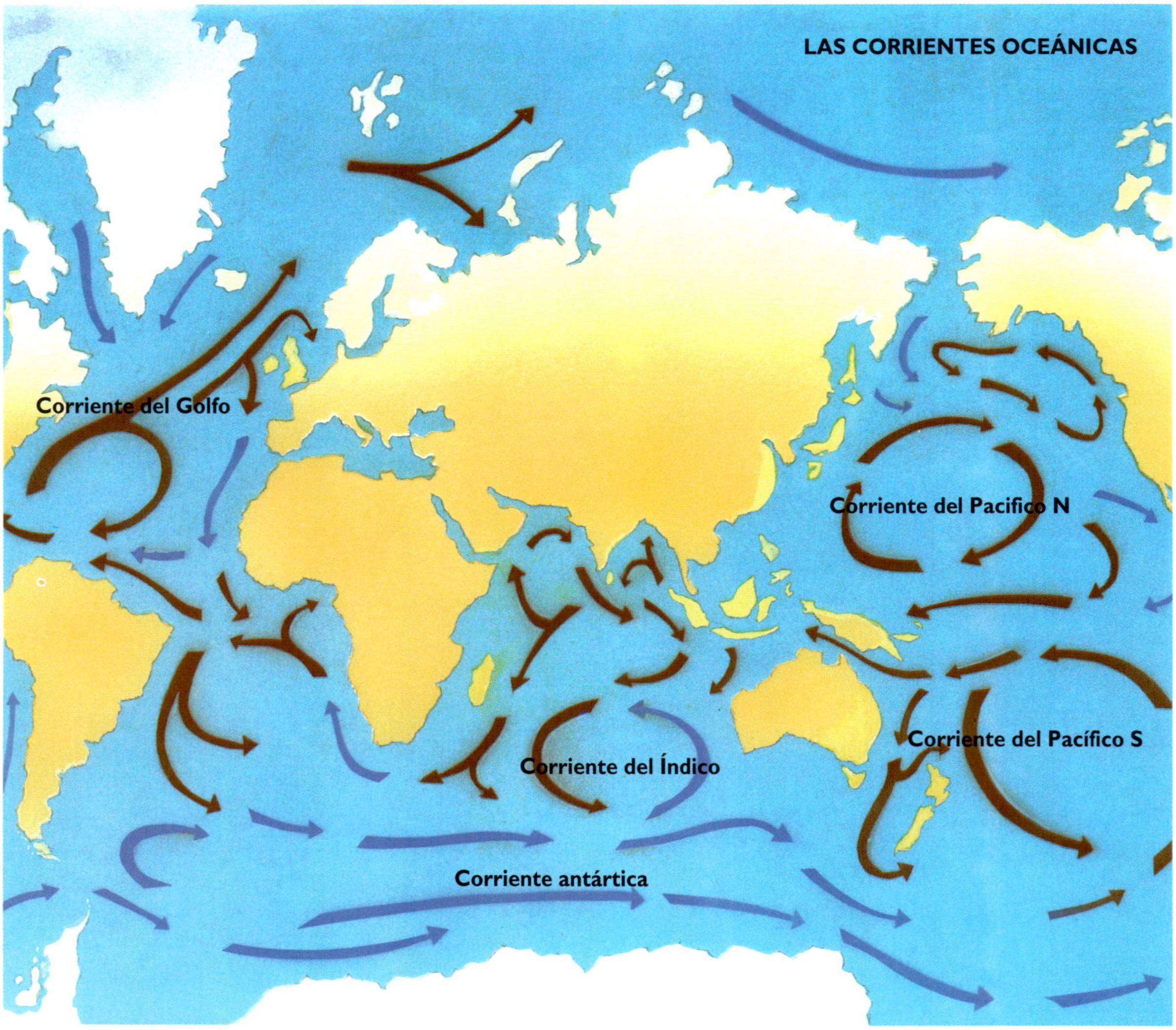

En la circulación de las corrientes marinas también influye la **salinidad** del agua. En el mar Mediterráneo, por ejemplo, el agua de la superficie, al producirse evaporación, aumenta en contenido de sales, y por lo tanto en peso, con lo que desciende masivamente mar abajo. Por el estrecho de Gibraltar sale agua en profundidad hacia el Atlántico, y desde éste entra superficialmente agua menos salada.

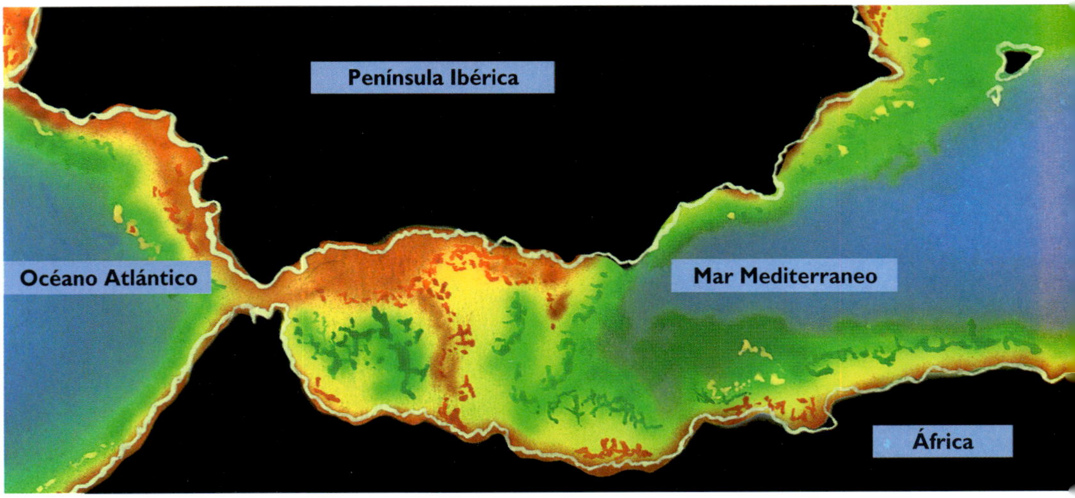

Las corrientes marinas tienen una gran influencia en el clima. Así, las corrientes cálidas que viajan hacia el Norte, como la corriente del Golfo, hacen más benigno el clima de zonas que, por hallarse en latitudes altas, deberían ser más frías. Dicha corriente nace en el Caribe, bordea la costa Este de Estados Unidos, cruza el Atlántico y llega a Gran Bretaña y Escandinavia.

El conocimiento de las corrientes marinas ha sido fundamental en la historia de la navegación, así como en la pesca. Las corrientes marinas frías, que viajan a cierta profundidad, son ricas en nutrientes. En ciertas costas, estas corrientes ascienden a la superficie, propiciando así la llegada de grandes bancos de peces, y por consiguiente de barcos pesqueros.

El aumento del contenido de sal en la superficie del mar, a causa de la evaporación, también es un factor que genera corrientes marinas.

El pez grande se come al más pequeño

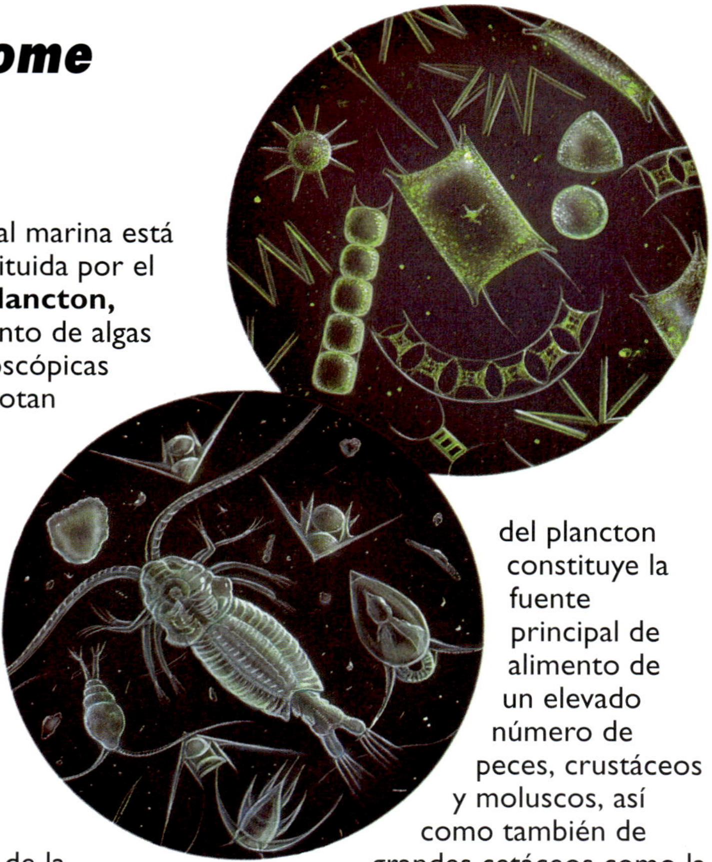

La vida en la Tierra se originó en los océanos. Todos los pobladores de la tierra firme proceden de antepasados marinos que, en una época remota, lograron abandonar el mar y colonizar un medio completamente distinto, el terrestre. Los seres vivos que permanecieron en los océanos también se diversificaron y adoptaron un sinfín de estrategias para sobrevivir.

La vida en el mar, al igual que en los ecosistemas* terrestres, es posible gracias a la energía solar. Los vegetales marinos, del mismo modo que los continentales, utilizan dicha energía para producir más materia viva mediante el proceso de la **fotosíntesis***. Con todo, el agua, al oponer resistencia a la penetración de la luz solar, obliga a las plantas marinas a vivir en las capas superficiales de los océanos. La mayor parte de la vida vegetal marina está constituida por el **fitoplancton,** conjunto de algas microscópicas que flotan cerca de la superficie del agua.

A expensas de él vive el **zooplancton,** formado por una infinidad de minúsculos animales, básicamente crustáceos y larvas*, que flotan a la deriva. Algunos de estos animales poseen duras estructuras esqueléticas de calcio y silicio de formas extraordinarias. El conjunto del plancton constituye la fuente principal de alimento de un elevado número de peces, crustáceos y moluscos, así como también de grandes cetáceos como la ballena. Todos estos animales se desplazan por las aguas superficiales en su búsqueda y, a su vez, son también el alimento de otros depredadores*: peces mayores que ellos, aves marinas y mamíferos. Todo ello forma la llamada **cadena alimenticia oceánica.**

Bajo el mar, como en tierra firme, los vegetales son el primer eslabón de una cadena alimenticia que culmina en los grandes depredadores.

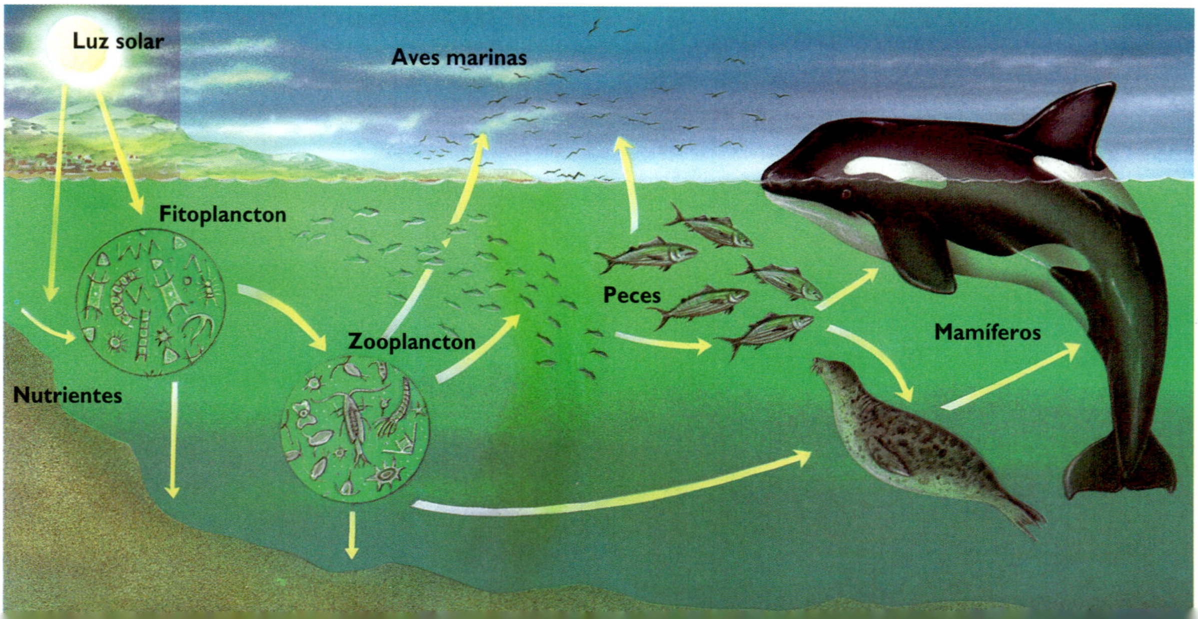

Las especies marinas que se alimentan del fitoplancton suelen nadar en grandes grupos denominados **bancos.** Ello forma parte de una estrategia defensiva en un mundo donde no es posible ocultarse: de este modo, aunque algunos individuos de un banco sean devorados, siempre quedará un número suficientemente grande como para asegurar la continuidad de la especie. Los peces depredadores poseen adaptaciones* muy eficaces para la detección y captura de sus presas: formas hidrodinámicas, como las del atún, que le permiten alcanzar velocidades de hasta 110 km por hora; técnicas de caza en grupo, como la de las temibles barracudas; sofisticados camuflajes para "pescar" desprevenidas a sus víctimas, como los de algunos habitantes de los arrecifes coralinos, etc.

Los grandes depredadores marinos, como por ejemplo la orca, emplean sofisticadas técnicas de acecho para capturar a sus presas.

En el mar existen otros organismos fotosintetizadores, aparte del fitoplancton: las **algas** y las **plantas superiores acuáticas.** Éstas últimas eran vegetales terrestres que se adaptaron a la vida en el mar. Las algas pueden vivir flotando sobre las aguas, como ocurre con los sargazos, o bien mantenerse agarradas al fondo de las plataformas continentales. Estas praderas submarinas son el hábitat* de peces, tortugas marinas y focas.

Carnaval bajo el agua

La infinidad de diseños y colores que poseen las formas de vida marinas responde a un claro objetivo: adaptarse lo mejor posible a las condiciones del medio acuático para sobrevivir. Los peces que deben nadar rápidamente, tanto para escapar de un depredador como para capturar a otros peces, tienden a presentar formas suaves que los asemejan a un huso; así les cuesta menos abrirse paso en el agua.

Algunas formas de camuflaje no son tan discretas como las anteriores. La razón de ello, sin embargo, es la necesidad que tienen algunos peces de pasar desapercibidos en su vistoso hábitat, como por ejemplo los que viven en los arrecifes coralinos. El camuflaje también es utilizado por algunos depredadores para acechar a sus presas, disimulándose en el entorno para atraparlas desprevenidas.

La mayoría de los peces se camuflan, adoptando coloraciones o formas concretas, para pasar desapercibidos en un medio, el mar, donde es difícil esconderse.

En el mar, el **camuflaje** es la principal protección para evitar un ataque. Los peces que nadan en aguas superficiales e intermedias suelen tener tonalidades claras en la parte inferior del cuerpo, y oscuras en el lomo. De esta manera, cuando un depredador los observa desde abajo, quedan disimulados en medio de la claridad de la superficie. Asimismo, cuando el depredador los avista desde arriba, los confunde con la oscuridad de las profundidades.

La estrategia del disimulo es distinta en los peces que habitan sobre los sedimentos de las plataformas continentales. Así, por ejemplo, los lenguados y las platijas pueden modificar los colores y dibujos de sus lomos de acuerdo con las características del lecho marino que los rodea.

Otra particularidad que muestran muchos animales marinos es el hecho de realizar **migraciones.** Los motivos de este fenómeno pueden ser variados: en ocasiones, su causa es la búsqueda de alimento, como ocurre con los atunes y los bacalaos; otras veces es la necesidad de encontrar un hábitat distinto para reproducirse, como sucede con los salmones y las anguilas. Estas dos últimas especies de peces precisamente baten todos los récords en cuanto a distancia recorrida.
Las anguilas abandonan los ríos para ir a reproducirse al mar de los Sargazos, en el océano Atlántico.
Las angulas, los alevines de las anguilas, retornan a las zonas costeras y remontan los ríos de los que partieron sus progenitores. El viaje de las crías de la anguila europea por el océano dura dos años.
El salmón lleva a cabo una migración en sentido contrario al de las anguilas. Los adultos, que viven en el mar, se desplazan hasta la desembocadura de los ríos y desde allí, una vez adaptados al agua dulce, los remontan para reproducirse cerca de sus cabeceras. También resultan espectaculares las migraciones que realizan algunas aves marinas, como por ejemplo la del charrán ártico.

Muchas especies animales marinas realizan migraciones, algunas de ellas cubriendo enormes distancias. Estos desplazamientos pueden estar motivados por la búsqueda de alimento o de un lugar adecuado para reproducirse.

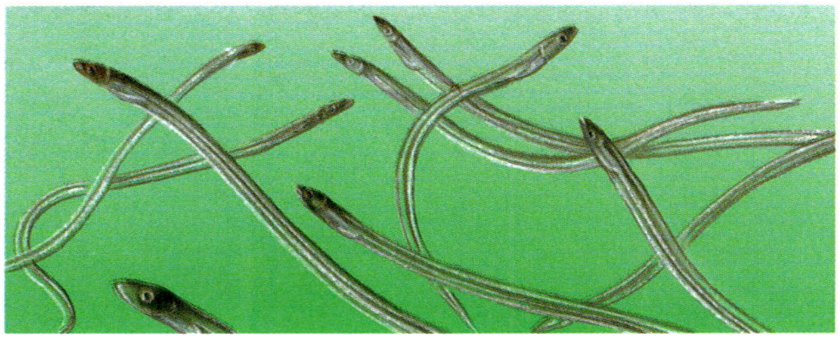

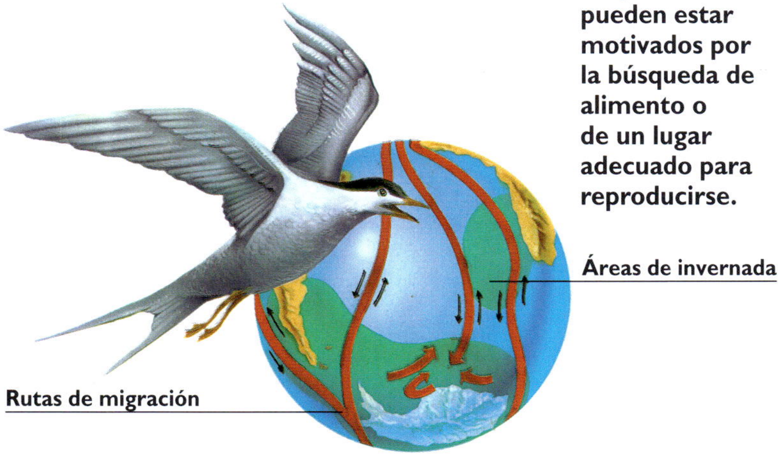

Viviendo a oscuras

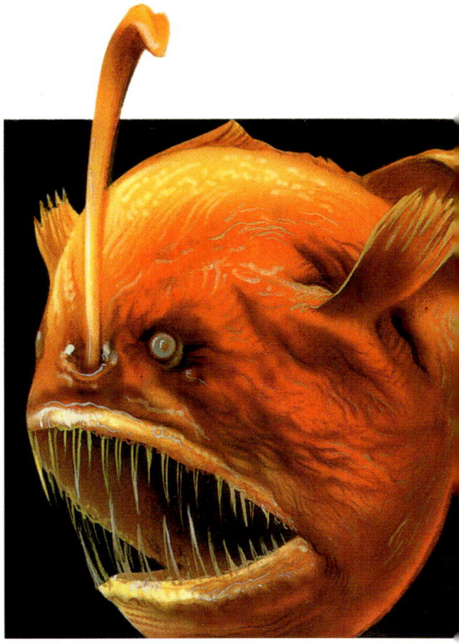

Al descubrirse por primera vez los seres vivos que pueblan las profundidades del mar, la sorpresa fue mayúscula. Hasta entonces se creía que apenas había vida por debajo de los 600 m. La posibilidad de penetrar más allá de esos límites, incluso de adentrarse en las fosas oceánicas, mostró un mundo lleno de extrañas criaturas, algunas de aspecto monstruoso.

La vida en las profundidades resulta muy dura, sobre todo por la escasez de alimento. La adaptación a sus extremas condiciones ha dado lugar a organismos de extraño aspecto.

Las condiciones ambientales en dichas zonas se mantienen muy constantes: están sometidas a enormes presiones debido al enorme peso del agua, la temperatura permanece siempre entre 2 y -1°C, y la ausencia absoluta de luz. Como la presencia de organismos fotosintetizadores (algas y plantas) no es posible sin luz, al no poder producirse la fotosíntesis, no existe ningún tipo de fuente vegetal de alimento. Los nutrientes llegan a los fondos al caer desde las capas superiores del océano.

Por todo ello, los animales han de utilizar la energía eficientemente, evitando todo gasto que sea innecesario. Ésta es la razón de que muchos organismos, en vez de nadar, tengan mecanismos para flotar pasivamente.

Muchos animales que habitan en las aguas profundas poseen bioluminiscencia, es decir, crean su propia luz mediante procesos biológicos.

Con ella pueden atraer a sus parejas, asustar a los intrusos o cegar a los depredadores. En cambio, aquéllos que viven sobre el lecho marino, carecen de esta capacidad, siendo en su mayoría ciegos.

Generalmente tienen poca pigmentación o son completamente blancos.

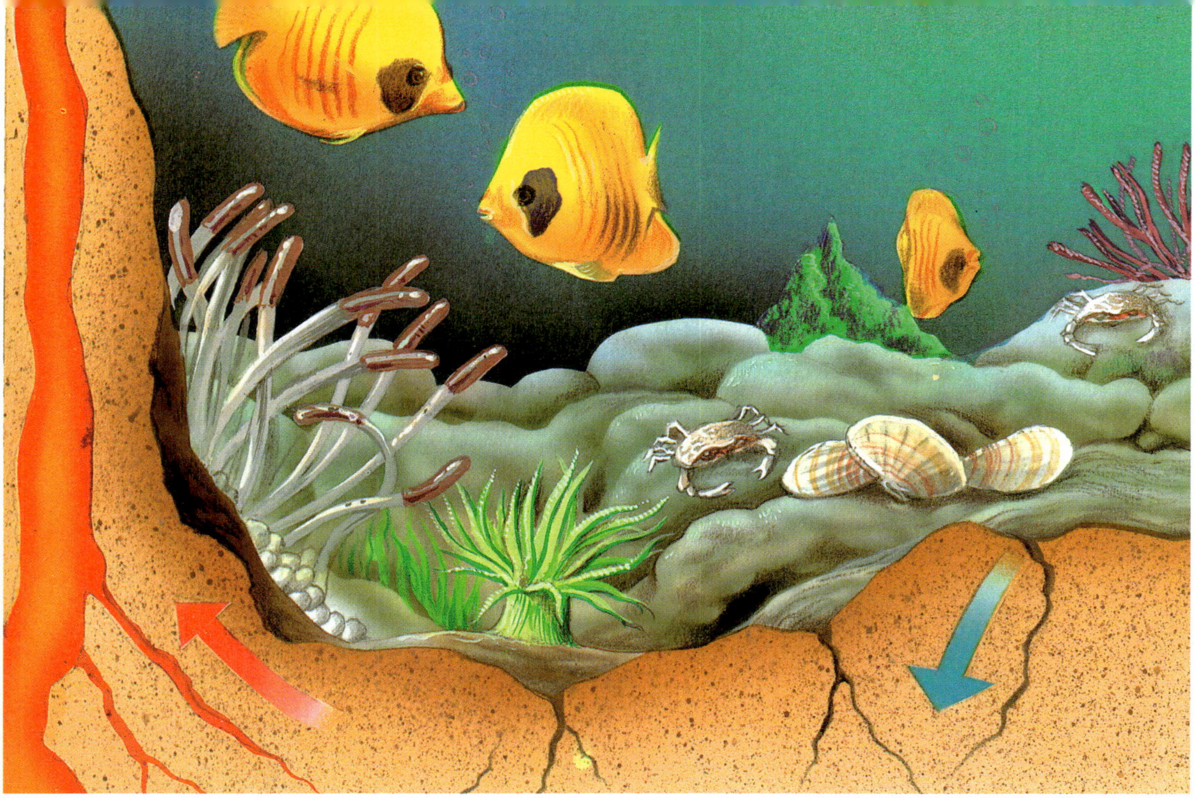

A finales de los años setenta, los geólogos, al estudiar el fondo del arrecife de las islas Galápagos, al Oeste de Ecuador, descubrieron unos hábitats completamente distintos a los hasta entonces conocidos en el mundo marino. Encontraron unas "chimeneas", denominadas respiraderos, por las que surgían chorros de agua caliente. Allí, las frías aguas de las profundidades se filtran en las grietas del suelo y circulan cerca de cámaras magmáticas*, donde hay rocas líquidas a elevadísimas temperaturas. Esto hace que el agua se caliente hasta alcanzar temperaturas de más de 600 °C, y que se enturbie al disolver los minerales que encuentra a su paso. A continuación es expulsada en forma de surtidor. Por todo ello, estas zonas son como pequeñas "islas" cálidas en medio de las frías profundidades marinas.

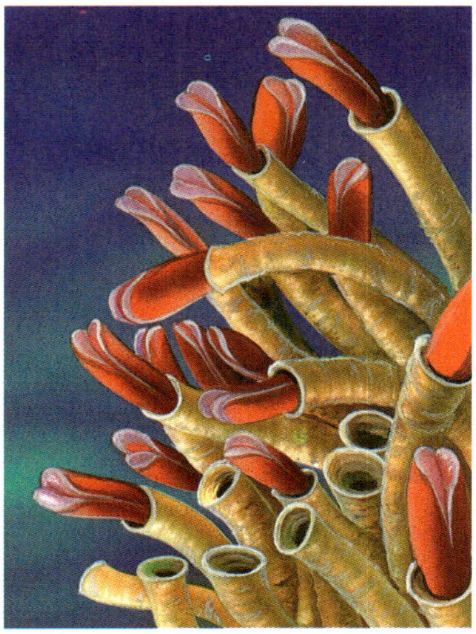

Alrededor de estos respiraderos viven organismos de cuya existencia no se tenía constancia hasta entonces. Arracimados en la base de las "chimeneas", y agarrándose al suelo, se encuentran gusanos de hasta 1 m de longitud, embutidos en tubos blancos de los que emergen tentáculos de color rojo. Por los alrededores moran almejas de 25 cm de longitud, cangrejos blancos ciegos, anémonas...
Estos ecosistemas de respiraderos, ricos en vida, son como oasis en el fondo marino. En ellos sí hay abundancia de alimento, aunque tampoco existe rastro alguno de vida vegetal. Con todo, ciertas bacterias allí presentes aprovechan el sulfuro disuelto en el agua que mana de los respiraderos, para formar materia orgánica por medio de procesos distintos a la fotosíntesis.

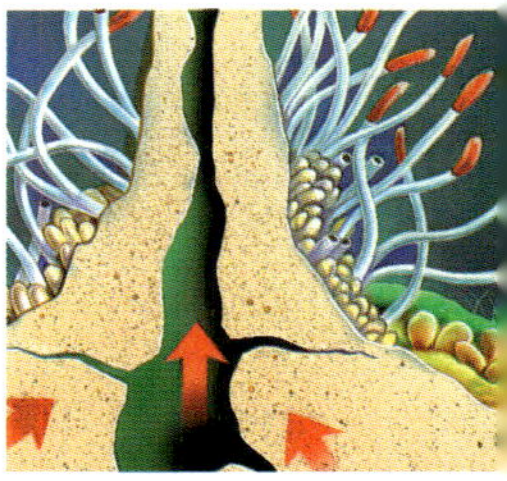

En algunos fondos marinos muy profundos, existen una serie de "chimeneas" de las que mana agua caliente sulfurada. Allí son las bacterias que aprovechan el sulfuro las que dan lugar a la producción de materia orgánica.

Las joyas del mar

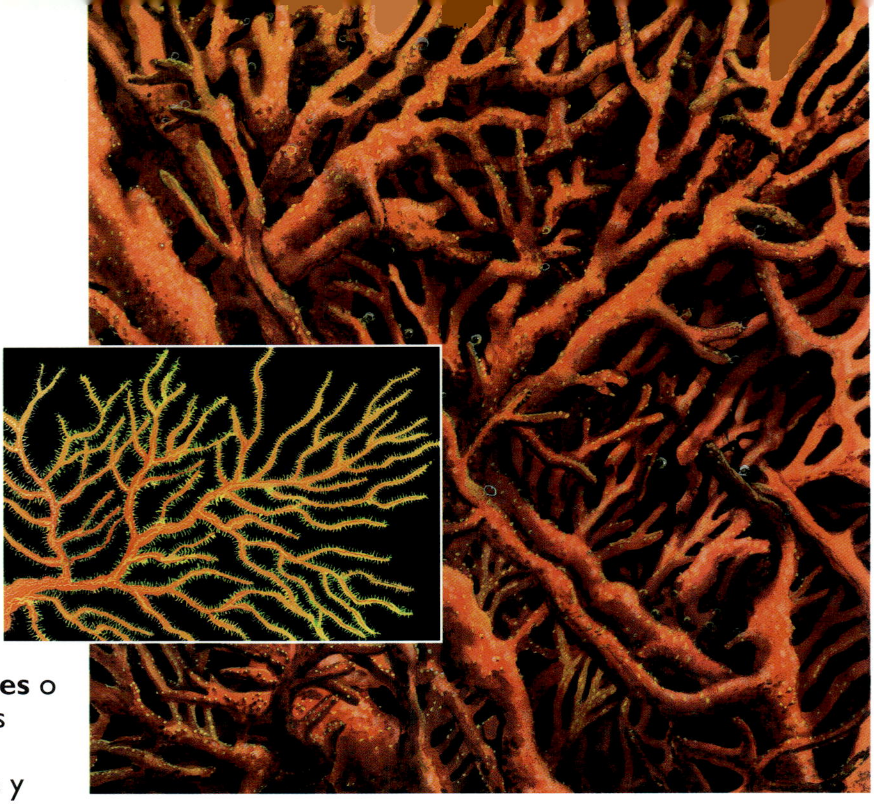

Posiblemente el más espectacular de los hábitats marinos sea el de los **arrecifes de coral.** Lo que a simple vista parece una muralla de rocas de extrañas formas y colores, es en realidad el conjunto de los esqueletos de un sinfín de animalillos, **los corales** o **pólipos de coral.** Estos organismos viven en colonias muy numerosas y segregan una armadura calcárea para protegerse. Al reproducirse, los corales jóvenes permanecen unidos a sus progenitores, y, de esta manera, las sucesivas generaciones van levantando el arrecife, que llega a aflorar a la superficie. Por la noche, a través de las ranuras de sus esqueletos, asoman unos tentáculos que les permiten capturar a sus presas, inoculándoles un líquido tóxico mediante una serie de aguijones.

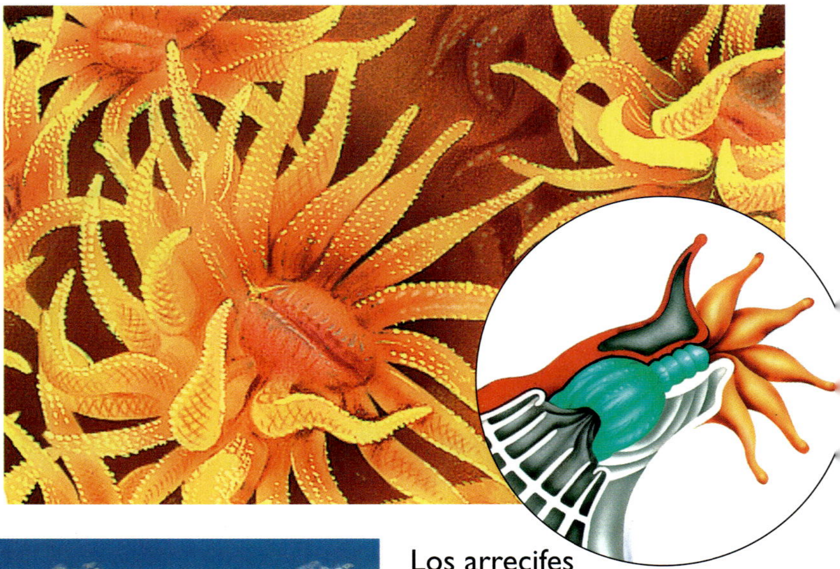

Los arrecifes coralinos se hallan situados en las plataformas continentales y junto a las islas de las regiones tropicales y subtropicales, donde encuentran aguas cálidas y poco profundas.

Los arrecifes de coral se desarrollan primordialmente junto a las costas tropicales, en mares cálidos de aguas limpias y poco profundas. Los corales prefieren las costas orientales de los continentes, ya que en las occidentales existen corrientes frías que dificultan su crecimiento. Asimismo, precisan de un lecho marino rocoso al cual poder fijar sus esqueletos.

Los corales necesitan luz para desarrollarse, ya que viven en simbiosis* con una especie de algas unicelulares. Éstas realizan la fotosíntesis y les ceden una parte de los nutrientes que sintetizan. Además, y lo que es más importante, contribuyen al endurecimiento de su esqueleto. A cambio, las algas, al vivir en el seno del arrecife, obtienen un hábitat protegido y sales minerales.

Las extrañas y ramificadas formas de los arrecifes coralinos albergan una extraordinaria variedad de organismos, que encuentran en ellos un entorno propicio y una infinidad de rincones donde esconderse. Algas, crustáceos, erizos, estrellas de mar, moluscos, gusanos... pueblan las aguas que los envuelven. Sin duda, sus habitantes más llamativos son los peces, de brillantes colores y variados dibujos.

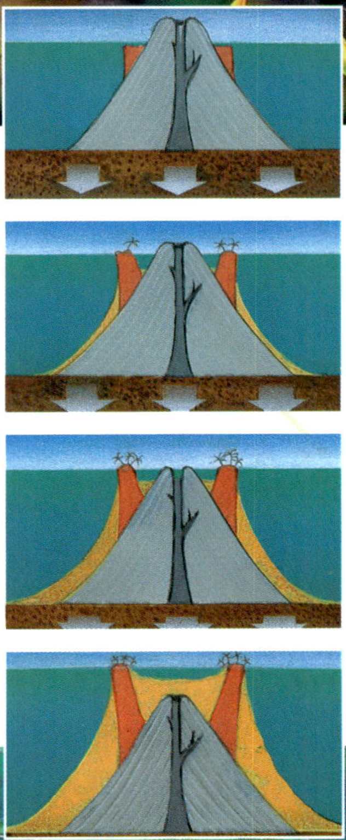

No todos los arrecifes se encuentran junto a las costas. **Los arrecifes barrera** crecen a una cierta distancia, disponiéndose de forma paralela al litoral. Otros se encuentran en alta mar formando unos anillos coralinos denominados **atolones.** En cada uno de estos anillos, el arrecife comenzó a crecer alrededor de una isla volcánica que posteriormente se hundió.

Los arrecifes coralinos no se encuentran únicamente en las costas. En alta mar existen unos anillos de coral, denominados atolones, que empezaron a desarrollarse alrededor de islas volcánicas sumergidas.

La mar de hielo

Las zonas polares de la Tierra están cubiertas de grandes masas de hielo. Ello se debe a que los rayos solares inciden allí tan indirectamente que las temperaturas son siempre muy bajas. La diferencia básica entre ambas regiones es que bajo el hielo del Polo sur existe un continente, la Antártida, mientras que el océano Glacial Ártico, en el Polo norte, es un simple océano en su mayor parte helado.

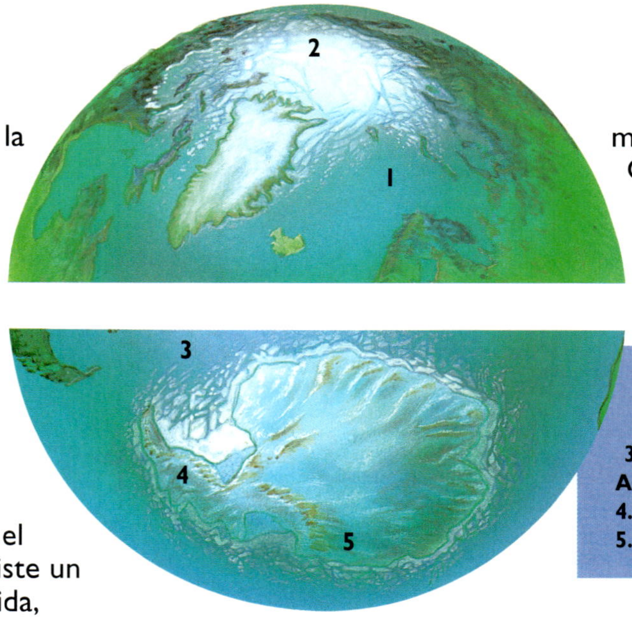

1. Océano Glacial Ártico
2. Polo norte
3. Océano Glacial Antártico
4. Antartida
5. Polo sur

En los Polos terrestres, debido a las bajísimas temperaturas, los mares se hielan en superficie. Los icebergs son bloques de hielo desprendidos que navegan a la deriva.

La formación de las grandes masas de hielo del Ártico ha sido posible al no haber existido intercambio de aguas con océanos más cálidos, a causa del aislamiento de la cuenca ártica. Por ello, las aguas del mar se han congelado formando enormes témpanos flotantes. En cambio, el origen de la capa de hielo que cubre el continente antártico es principalmente la acumulación de nieve.

Tanto en el océano Ártico como en el Antártico, que rodea al continente del mismo nombre, es normal la presencia de **icebergs.** Estos gigantescos bloques de hielo que flotan en el mar, asomando sobre la superficie únicamente una décima parte de su volumen, constituyeron en el pasado un peligro para la navegación. El trasatlántico Titanic se hundió después de chocar con uno de ellos.

Como las condiciones de vida en los océanos glaciales son muy duras, la diversidad de especies animales y vegetales que éstos albergan es baja. Los organismos allí presentes son resistentes al frío y poseen otras adaptaciones específicas al medio polar. Las aves y los animales terrestres del océano Ártico tienen coloraciones blancas para poder camuflarse en el paisaje helado, como por ejemplo los osos polares. Éstos, además, poseen una gran cantidad de grasa en el cuerpo, que funciona como aislante contra el frío. Su pelaje capta muy eficazmente el calor del Sol y son excelentes nadadores. En la Antártida no hay apenas animales terrestres, pero es el paraíso de pingüinos y focas. Aunque torpes sobre el hielo, estas especies demuestran ser excelentes nadadoras.

Los animales que habitan en los parajes helados y nadan en sus aguas, acumulan grandes cantidades de grasa en sus cuerpos para protegerse así del frío.

En estas regiones oceánicas es muy abundante un tipo de zooplancton que recibe el nombre de **krill.** Constituido por una especie de crustáceo parecido a una pequeña gamba, es el alimento de las ballenas barbadas, focas, aves marinas, peces y calamares. La ballena azul, mediante sus barbas (dientes en forma de lámina), filtra el agua para recoger el krill que ésta contiene.

Lo que nos da el mar

Desde la más remota Antigüedad, los humanos han sacado provecho del mar de muy diversas formas. Veterana vía de comunicación desde la cultura fenicia, que surcó el Mediterráneo para comerciar en sus ciudades costeras, el mar ha sido y es una importante fuente de alimento para la humanidad, y de sus fondos se extraen cantidades importantes de recursos energéticos y minerales.

La captura de **pescado** para la alimentación es una práctica tan vieja como nuestra especie. Antaño únicamente se pescaba en las costas, ya que con la navegación de la época los pescadores no osaban aventurarse en alta mar. Era pues una pesca artesanal, que todavía existe. Actualmente los avances náuticos permiten la pesca de altura* y la capacidad de las capturas se ha incrementado.

Desde las más antiguas civilizaciones, los humanos han sido pescadores. Hoy en día, la sobreexplotación de ciertas zonas pesqueras aconseja la cría de peces en viveros.

Debido a este incremento, y como son sólo unas decenas las especies pescadas en todo el mundo, han surgido problemas de sobreexplotación en algunos caladeros* mundiales. Asimismo, han estallado constantes polémicas entre Estados por el empleo de determinadas zonas de pesca, así como de prácticas pesqueras que no respetan el ciclo vital de las distintas especies, produciendo el descenso de sus poblaciones.

Por esta razón, los humanos han intentado el "cultivo de peces" o **acuicultura.** Esta actividad consiste en la reproducción de ciertas especies en zonas costeras. Se construyen criaderos para el marisco, como mejillones, ostras o gambas, y también para algunas especies de peces. Los ejemplares de estos viveros son comercializados para la alimentación o bien utilizados para repoblar áreas sobreexplotadas.

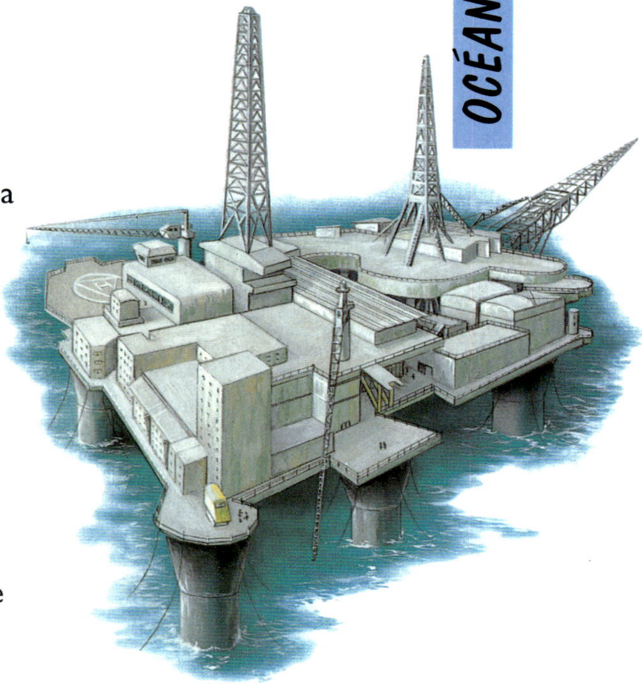

Otros productos que se extraen del mar son el **petróleo,** el **gas natural,** la **grava,** la **arena** y algunos **minerales.** Para la obtención de grava y arena para la construcción se utilizan dragadoras* que las extraen de los lechos marinos poco profundos. Bajo las capas de estos dos materiales, en ocasiones se localizan filones de minerales. Ante la disminución de los yacimientos petrolíferos terrestres, se ha procedido a la extracción del petróleo, junto con la del gas natural, en el suelo oceánico. Para ello se han construido gigantescas plataformas perforadas, obras de ingeniería sumamente complicadas, que a menudo tienen que soportar fuertes tempestades. El transporte posterior del llamado "oro negro" se realiza a través de oleoductos o en grandes buques petroleros.

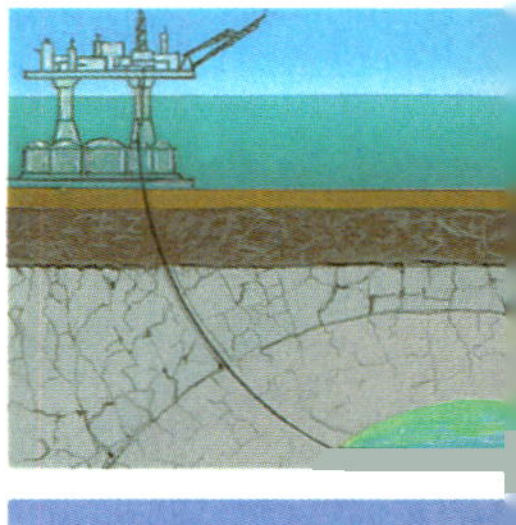

Bajo el fondo del mar yacen importantes reservas de petróleo y gas natural en diversas partes del mundo. Para su extracción se construyen grandes plataformas perforadoras.

El producto por excelencia del mar es la sal. Para su obtención, en las playas de muchas zonas costeras se excavan cubetas de muy poca profundidad, que se dejan anegar con la subida de las mareas; al evaporarse el agua, la sal que lleva disuelta se deposita en el fondo, tras lo cual se recoge y se lava para su consumo. El agotamiento de las reservas de combustibles como el petróleo ha planteado la necesidad de buscar nuevas fuentes de energía. La fuerza de las **corrientes de marea** ya es utilizada en algunas costas para impulsar el movimiento de turbinas que generan energía eléctrica. En un futuro no muy lejano, este método podrá ser puesto en práctica en estrechos de poca anchura.

Cuando el océano las pasa negras

La humanidad, que ha sacado partido del mar extrayendo de él sus riquezas, no ha sido siempre consciente de los efectos perjudiciales que dicha explotación podía causar en él. El océano ha sido utilizado como un enorme basurero, con la ilusa creencia de que la gran masa de agua mundial podía absorber el vertido de cualquier sustancia sin que ello le ocasionase ningún tipo de daño. Nada más lejos de la realidad. Muchos de los **contaminantes** que vertemos en los mares entran en la cadena alimenticia oceánica al ingerirlos cualquiera de sus miembros; de esta forma, éste y otros organismos también contaminados, al ser devorados a su vez por un mismo depredador, concentran en él sus tóxicos. El hombre, en muchos casos eslabón final de la cadena, corre así un grave riesgo.

Un hecho por desgracia habitual es el vertido de **petróleo** al mar. Se produce esporádicamente debido a accidentes de los petroleros, aunque durante el transporte los pequeños derrames también son muy frecuentes. En cualquier caso, provocan las tristemente conocidas **mareas negras.** Además de la toxicidad directa que causa en los organismos la ingestión de petróleo, los efectos de estas mareas son muchos y diversos.

Las mareas negras no se producen únicamente cuando los barcos petroleros se accidentan, sino que ocurren también, y más a menudo, debido a pequeños vertidos que esos mismos barcos provocan en el transcurso de sus viajes.

En las aves, por ejemplo, la película de petróleo sobre el plumaje destruye su impermeabilidad, por lo que pueden morir de frío. La acción de este combustible sobre sus ojos les resta capacidad visual, con lo que les cuesta trabajo el simple hecho de buscar comida. Además, quedan muchas veces atrapadas en la mancha de petróleo, y en el esfuerzo por liberarse se agotan y perecen ahogadas.

Las mareas negras no son el único peligro a que se halla expuesto el océano. Los **dragados** que se llevan a cabo para extraer arena, grava y minerales, causan un fuerte impacto en el lecho marino, erosionándolo. Además, vuelven turbias las aguas y perturban la fauna y flora del lugar, desordenando el equilibrio del ecosistema.
Por otro lado, tal y como se apuntó en el capítulo anterior, la **sobreexplotación pesquera** merma las poblaciones de ciertas especies, sobre todo cuando no se mantiene la veda durante su reproducción. El problema se agrava con el uso de redes de pequeño agujero de malla, en las que quedan atrapados peces que todavía se encuentran en sus etapas juveniles.

Los efectos de las mareas negras en los seres vivos que habitan los mares son muy diversos. Probablemente el más común sea el de la intoxicación por ingestión directa.

Imita al mar

Batido de mar

La espuma del mar se forma al romper las olas y mezclarse entonces el agua y el aire. El proceso de su formación viene a ser el mismo por el cual, al batir una clara de huevo, la ponemos "a punto de nieve". El movimiento circular del tenedor introduce aire en la clara, y su constante batido "rompe" ese aire en burbujas cada vez más pequeñas. La clara va adquiriendo así una textura espumosa.

Aguas juntas pero no revueltas

Las corrientes marinas frías viajan a una cierta profundidad, mientras que las cálidas se desplazan a través de la superficie. Esto es así porque el agua fría es más densa, más pesada, a diferencia del agua caliente, que es más ligera, debido a que en ella las moléculas se encuentran más alejadas unas de otras. Para comprobar este fenómeno, pon agua fría en un recipiente de cristal, sin llenarlo del todo. En el interior de otro recipiente, mezcla agua caliente con un poco de tinta para hacerla visible. A continuación vierte el agua coloreada en el primer recipiente. ¿Qué ocurre con el agua caliente?

Sal a secas

La extracción de sal en las salinas se basa en la evaporación del agua salada del mar y la consiguiente precipitación* de las sales que contiene. Llena un vaso con agua, añade sal en bastante cantidad y agítala hasta que se disuelva. Vierte luego el agua en un plato y déjalo en un lugar seco durante unos días. ¿Qué va sucediendo con el nivel de agua del plato? Las moléculas de agua de la superficie van pasando al estado gaseoso, incorporándose a la atmósfera en forma de vapor. Cuando por fin el agua se evapore por completo, en el fondo del plato quedarán depositados unos cristalitos de sal, posiblemente de formas cúbicas.

El mundo al revés

El agua es el único compuesto en el que la forma sólida es menos densa que la líquida cuando ésta se encuentra a ciertas temperaturas (entre 0 y 4 °C). Ello explica que el hielo flote sobre el agua. De este modo, la porción del Ártico que está helada no se hunde, y los icebergs flotan en el mar, al igual que los cubitos de hielo lo hacen en un vaso de agua.

GLOSARIO

Adaptación. Conjunto de cambios que experimenta un organismo en uno o varios de sus aspectos vitales (forma, fuentes alimenticias, comportamiento...) para desenvolverse mejor en el medio en que vive.

Caladeros. Emplazamientos de los mares adecuados para echar las redes, dada su riqueza en alguna especie de interés pesquero.

Cámaras magmáticas. Cavidades de las zonas más profundas de la corteza terrestre en cuyo interior, debido a las altas temperaturas, las rocas están fundidas.

Capa de ozono. Capa de la atmósfera situada entre los 15 y los 40 km de altitud, constituida por un compuesto del oxígeno. Ejerce un efecto de pantalla sobre los rayos ultravioleta, protegiendo a los seres vivos de esta radiación, que en exceso es perjudicial para la vida.

Condensación. Proceso por el que un gas pasa al estado líquido. El vapor de agua, al condensarse, se transforma en agua.

Depredador. Animal que se alimenta de otros animales, a los que captura vivos.

Disolución. Mezcla homogénea de dos productos, uno de los cuales suele ser un líquido.

Dragadora. Barco provisto de una máquina que extrae materiales depositados sobre el lecho de los mares, ríos, etc.

Ecosistema. Conjunto formado por todos los organismos que viven en un lugar determinado, el medio físico que ocupan (hábitat, temperatura, humedad...) y las relaciones que se establecen entre ellos.

Fotosíntesis.
Proceso llevado a cabo por las plantas verdes, las cuales, con la luz del Sol, son capaces de formar compuestos orgánicos a partir del dióxido de carbono del aire y las sales minerales y el agua que absorben por las raíces.

Hábitat.
Territorio que presenta unas condiciones ambientales determinadas y en el que vive un conjunto de organismos que están adaptados a dichas condiciones.

Hidrosfera.
Conjunto de las aguas de la superficie terrestre. La forman los océanos, mares, ríos, lagos y aguas subterráneas, así como también el agua del globo que se encuentra en estado sólido (nieve y hielo).

Larva.
Fase juvenil del desarrollo de algunos animales que nacen a partir de huevos, después de la eclosión de éstos. Se presenta en animales tales como los insectos, anfibios y moluscos, y en algunos peces.

Llanuras abisales.
Zonas extensas del fondo oceánico en las cuales el terreno apenas presenta diferencias de altura.

Manto.
Capa intermedia de la Tierra, entre la corteza y el núcleo. Se trata de la más amplia de las tres capas terrestres.

Pesca de altura.
La que se realiza en alta mar, en contraposición a la pesca de bajura, o costera.

Precipitación.
Reacción química que se produce en una disolución, por la cual el material que está disuelto se vuelve insoluble y se deposita.

Rayos ultravioleta.
Radiación situada más allá del color violeta del espectro de luz visible. Su frecuencia es mayor que la de ésta, por lo que su energía puede llegar a resultar nociva para los seres vivos.

Reciclaje.
Acción de someter una materia, objeto, etc., a una serie de operaciones para que pueda utilizarse de nuevo.

Simbiosis.
Íntima asociación entre dos organismos de especies distintas en la que ambos se benefician recíprocamente.

Turbulencia.
Movimiento irregular, por lo general en forma de remolinos o torbellinos, que tiene lugar en la corriente de un fluido (agua, aire, etc.).